BEI GRIN MACHT SICH IHR WISSEN BEZAHLT

Anonym

Die Arbeitswelt im Wandel. Vom klassischen Standard zum Trend Telearbeit

GRIN Verlag

Bibliografische Information der Deutschen Nationalbibliothek:

Die Deutsche Bibliothek verzeichnet diese Publikation in der Deutschen National-
bibliografie; detaillierte bibliografische Daten sind im Internet über http://dnb.d-
nb.de/ abrufbar.

Impressum:

Copyright © 2014 GRIN Verlag GmbH
Druck und Bindung: Books on Demand GmbH, Norderstedt Germany
ISBN: 978-3-656-84380-1

Dieses Buch bei GRIN:

http://www.grin.com/de/e-book/284321/die-arbeitswelt-im-wandel-vom-klassischen-
standard-zum-trend-telearbeit

GRIN - Your knowledge has value

Der GRIN Verlag publiziert seit 1998 wissenschaftliche Arbeiten von Studenten, Hochschullehrern und anderen Akademikern als eBook und gedrucktes Buch. Die Verlagswebsite www.grin.com ist die ideale Plattform zur Veröffentlichung von Hausarbeiten, Abschlussarbeiten, wissenschaftlichen Aufsätzen, Dissertationen und Fachbüchern.

Besuchen Sie uns im Internet:

http://www.grin.com/

http://www.facebook.com/grincom

http://www.twitter.com/grin_com

Hausarbeit

Fachgebiet Unternehmensführung: Organisation I

Die Arbeitswelt im Wandel

Vom klassischen Standard zum Trend Telearbeit

Inhaltsverzeichnis

Inhaltsverzeichnis 2

Abbildungsverzeichnis 3

Tabellenverzeichnis 3

1   Revolution in der Arbeitswelt 4

1.1 Problemstellung 4

1.2 Zielsetzung und Vorgehensweise 4

2   Klassische Arbeitsmodelle im Unternehmen 6

2.1   Merkmale der klassischen Arbeitsmodelle 6

2.2   Zusammenarbeit und Kommunikation 6

3   Moderne Arbeitsform - Wandel zur Telearbeit 8

3.1   Ursprung und Begriff der Telearbeit 8

3.2   Formen der Telearbeit 8

3.2.1   Heimbasierte Telearbeit 9

3.3   Rahmenbedingungen für Telearbeit 10

3.3.1   Anforderungen an Arbeitgeber und Arbeitnehmer 10

3.3.2   Aspekte des Umfeldes 13

3.4   Nutzen und Problematik 14

3.5   Perspektiven der Telearbeit und der Arbeitstrend 16

4   Telearbeit – Arbeitsform der Zukunft? 19

4.1   Zusammenfassung 19

4.2   Fazit und Ausblick 19

Literaturverzeichnis 22

Abbildungsverzeichnis

Abbildung 1: Airbusgelände Hamburg 4

Abbildung 2: Erscheinungsformen der Telearbeit 6

Abbildung 3: Anforderungskriterien an Arbeitgeber 8

Abbildung 4: Anforderungskriterien an Arbeitnehmer 9

Tabellenverzeichnis

Tabelle 1: Dimensionen eines klassischen Arbeitsmodells 3

1 Revolution in der Arbeitswelt

Die Globalisierung und der damit verbundene technologischer Fortschritt haben gravierende Auswirkungen, sowohl auf die Gesellschaft, als auch auf unsere Arbeitswelt. So können die Unternehmen mit den neuen technologischen Möglichkeiten den veränderten Anforderungen in Bezug auf die räumlichen und zeitlichen Distanzen gerecht werden. Diese Distanzen werden durch neue Informations- und Kommunikationstechnologien überbrückt, was das Arbeiten an beliebigen Orten und zu beliebigen Zeiten für die Arbeitgeber und insbesondere für den Arbeitnehmer bedeutet. [1]

Diese Veränderungen haben dazu beigetragen, dass die klassischen Arbeitsmodelle, bei denen die Unternehmen räumlich und zeitlich klar eingegrenzte Orte der Tätigkeitsausübung sind, immer mehr in den Hintergrund rücken. Dagegen gewinnen die neuen Arbeitsmodelle, die zum einen mehr betriebliche Flexibilität und zum anderen mehr Individualität in der persönlichen Lebensgestaltung versprechen, immer mehr an Bedeutung.[2]

In diesem Zusammenhang wird in der heutigen Zeit überwiegend das Konzept der Telearbeit als innovative Lösung für Arbeitswelt der Zukunft genannt. Die Telearbeit zielt auf eine Flexibilisierung der Aufgabenbewältigung ab, indem die Arbeitsstätten verlagert werden. Somit wird nun nicht mehr der Mensch zur seiner Tätigkeit transportiert, sondern die Arbeit wird zum Menschen gebracht. Durch diese neue Arbeitsform hat der Arbeitnehmer die Möglichkeit in einer heimischen und ruhigen Arbeitsatmosphäre seine Kreativität und seine Leistungspotenziale auszuschöpfen und Beruf, Familie sowie Freizeit besser zu vereinbaren. Dieses führt zur erhöhten Motivationssteigerung, was wiederum einen Nutzen für den Arbeitgeber darstellt. Nichtsdestotrotz stellt die Telearbeit die Arbeitgeber und Arbeitnehmer auch vor Herausforderungen, wie die Gefahr der sozialen Isolation und der fehlenden Trennung von Beruf und Privatleben.[3]

1.1 Problemstellung

Nach dem die zwei Sichtweisen der Telearbeit betrachtet worden sind, stellt sich die Frage, ob es sich bei der Telearbeit um die Arbeitsform der Zukunft handelt.

1.2 Zielsetzung und Vorgehensweise

In der vorliegenden Hausarbeit ist es das Ziel, den genannten Wandel der Arbeitswelt vom klassischen Standard zum Trend Telearbeit aufzuzeigen und damit die verbunde-

---

[1] vgl. Nilles, J. M. et al. (1976), S. 11
[2] vgl. Bergman, B. (2006), S. 301-302
[3] vgl. de Gruyter, W. (1993), S. 1-4; vgl. Godehardt, B. (1994), S. 9-11

nen Problematiken und Nutzen bezüglich der räumlichen und zeitlichen Distanzen wiederzugeben. Hierfür werden Studien und Zeitungsauschnitte zur Analyse des Arbeitstrends herangezogen.

In der gesamten Hausarbeit wird durchgehend eine Bezeichnung in grammatikalisch maskuliner Form benutzt, selbstverständlich ist aber auch die feminine Form gemeint damit gemeint.

Aus diesem Grund werden folgende Punkte zum Gegenstand dieser Arbeit gemacht:

Im ersten Kapitel wurde bereits die Problemstellung, die Ziele und die Struktur dieser Hausarbeit erläutert, um auf diese Weise als Orientierungshilfe zu dienen.

Das zweite Kapitel befasst sich mit den klassischen Arbeitsmodellen, wobei die wesentlichen Merkmale der Modelle und die Kommunikation zwischen den Teilbereichen in Unternehmen kurz erläutert werden.

Im dritten Kapitel wird mit Hilfe von Definitionen eine Grundlage zum Verständnis des Begriffs der Telearbeit gelegt. Hier soll explizit die Form der heimbasierten Telearbeit erläutert und die unterschiedlichen Rahmenbedingungen näher betrachtet werden. Außerdem wird die Einführung der Telearbeit in Unternehmen mit ihren Problematiken und Nutzen dargestellt. Im Anschluss des dritten Kapitels werden die Perspektiven der Telearbeit und die Entwicklung des Arbeitstrends anhand von Studien und Zeitungsausschnitten diskutiert und kritisch betrachtet.

Im vierten und letzten Kapitel werden die gesamten Ergebnisse aus den vorherigen Kapiteln kurz zusammengetragen und abschließend ein Fazit mit einem Ausblick auf die Problemstellung gezogen.

2   Klassische Arbeitsmodelle im Unternehmen

2.1   Merkmale der klassischen Arbeitsmodelle

Man spricht von klassischen Arbeitsmodellen, die eigentlich der Vergangenheit ange-
hören, jedoch aber von Unternehmen noch praktiziert werden.

Einige Merkmale des klassischen Arbeitsmodells sollen im Folgenden kurz vorgestellt
werden.

Beziehung zwischen	Merkmale
Unternehmen und Markt	• Abschottung des Unternehmens vom Arbeits- und Beschaffungsmarkt • Geringe Bereitschaft zur Veränderung
Arbeitswelt und Lebenswelt	• Klare Abgrenzung von Beruf und Familie • Genau definierte Arbeitszeiten • Standardisierung von Beschäftigungsverhältnissen
Arbeitgeber und Arbeitnehmer	• Hierarchische Trennung und Kontrolle • Weniger Flexibilität, mehr klassische 8 Std. Arbeit

Tabelle 1: Dimensionen eines klassischen Arbeitsmodells[4]

Damit soll verdeutlicht werden, dass ein enger räumlicher Zusammenhang zwischen
den einzelnen Organen besteht.

Im Rahmen dieser Hausarbeit soll das Hauptaugenmerkmal auf die Entwicklung neuer
Arbeitsformen in den Vordergrund gestellt und auf das klassische Arbeitsmodell an der
Stelle nicht weiter eingegangen werden.

2.2   Zusammenarbeit und Kommunikation

Gute Kommunikation ist ein sehr wichtiger und entscheidender Erfolgsfaktor für die
reibungslose Zusammenarbeit zwischen Organisationen im Unternehmen. Diese
Kommunikation sollte nicht nur innerhalb, sondern auch außerhalb des Unternehmens
gefördert werden. Dadurch, dass die Mitarbeiter im Unternehmen räumliche und zeitliche Distanzen überwinden müssen, erfolgt die Weitergabe von Informationen nicht nur
von Face-to-Face, sondern auch durch die digitalen Medien. Allerdings können bei

---

[4] Eigene Darstellung i.A.a. Sauer, D. (2013), S.11-22

Nutzung der verschiedenen Kommunikationskanäle so manche Gefahren auftreten. So erhalten z.B. die Mitarbeiter, die am Arbeitsplatz keinen Zugang zum Firmenintranet haben, keine oder nur teilweise interne Informationen. Außerdem besteht die Gefahr, dass Informationen entweder falsch aufgefasst werden oder auf die Meldungen erst gar nicht reagiert und somit der Kontakt unterbrochen wird.[5]

An dieser Stelle soll die Komplexität der Kommunikationsstrukturen am Beispiel des Airbusgeländes in Hamburg verdeutlicht werden.

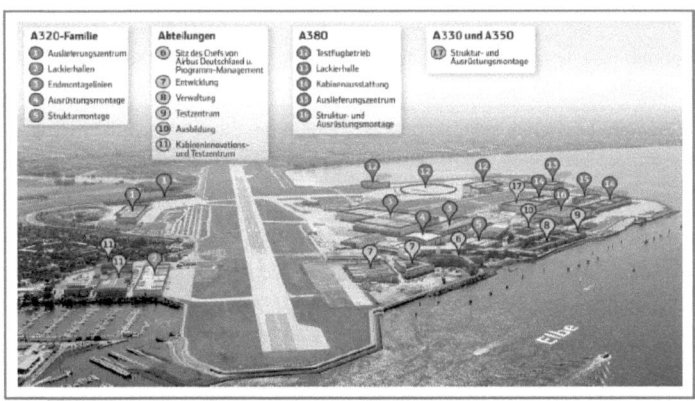

Abbildung 1: Airbusgelände Hamburg[6]

„Eine Stadt in der Stadt"[7] so lautet die Beschreibung der Lufthansa Technik in Hamburg. Das Airbusgelände in Hamburg ist so aufgebaut, dass auf einer Fläche von 400 Hektar neben den Organen wie Büroräumen, Werkstätten und Hallen, noch Einrichtungen wie die Feuerwehr, Polizei, Kita, Restaurants und sogar Gebetsräume für arabische Gäste erbaut worden sind.

Somit ist es besonders bei solchen großen und komplexen Werksgeländen wichtig, dass das Kommunikationsmanagement aufgrund der zeitlichen und räumlichen Distanzen im Auge behalten und optimiert wird.[8]

---

[5] vgl. Crijns, R. (2009), S. 7
[6] vgl. Mester, V. (2013)
[7] vgl. Lufthansa Technik
[8] vgl. Mester, V. (2013)

3 Moderne Arbeitsform - Wandel zur Telearbeit

3.1 Ursprung und Begriff der Telearbeit

Der Anfang der Entwicklung der Telearbeit fand seinen Ursprung im Jahr 1976 in den USA. Der Vater der Telearbeit Jack Nilles prägte in seiner Untersuchung vor dem Hintergrund der damaligen Ölkrise, Energieknappheit, sowie den verkehrspolitischen Problemen der USA den Begriff Telecommuting. Unter dem Begriff Telecommuting wird das Telependeln im Deutschen verstanden, d.h. mit Hilfe der neuen Informations- und Kommunikationstechnologien kann der Arbeitgeber und Arbeitnehmer seine Tätigkeiten außerhalb des Unternehmens erledigen. Somit verschaffen die neuen Telemedien die Möglichkeiten, dass die Arbeitsaufgaben zum dezentralen Arbeitsplatz des Mitarbeiters pendeln und nicht mehr umgekehrt.[9] Durch die Studie des Bundesministerium für Forschung und Technologie über die Auswahl der Eignung und Auswirkungen von informationstechnischen ausgestatteten Heimarbeitsplätzen,[10] erreichte im Jahre 1980 die Diskussion über die Arbeitsform Telearbeit auch Deutschland. Auch hier boten die neuen Informations- und Kommunikationstechnologien die Möglichkeiten durch die neuen Telemedien, Arbeitsplätze zu dezentralisieren und somit unabhängig von Raum und Zeit arbeiten zu können.[11]

Eine allgemeingültige Definition der Telearbeit hat sich bis jetzt noch nicht durchgesetzt, da die Telearbeit aufgrund der verschiedenen Haltungen sowie den vielseitigen organisatorischen Gestaltungsmöglichkeiten sich permanent weiterentwickeln und neu definieren wird.[12]

Um einen Leitfaden zu schaffen, lehnt sich die Hausarbeit an den Definitionsansatz des Bundesministerium an, indem es heißt: „Telearbeit ist jede auf Informations- und Kommunikationstechnik gestützte Tätigkeit, die ausschließlich oder zeitweise an einem außerhalb der zentralen Betriebsstätte liegenden Arbeitsplatz verrichtet wird. Dieser Arbeitsplatz ist mit der zentralen Betriebsstätte durch elektronische Kommunikationsmittel verbunden."[13]

3.2 Formen der Telearbeit

Da jedes Unternehmen den Begriff Telearbeit anderes definiert, passt er seine Arbeitsinhalte und seine Bedürfnisse an die Arbeitsform individuell für sich an. Aufgrund des-

---

[9] vgl. Nilles, J. M. et al. (1976), S. 11
[10] vgl. Ballerstedt, E. (1982)
[11] vgl. Godehardt, B. (1994), S. 9
[12] vgl. Rensmann, J. H./ Gröpler, K. (1998), S. 13
[13] vgl. Bundesministerium für Arbeit und Sozialordnung et al. (1998), S. 10

sen entwickelten sich mehrere verschiedene Erscheinungsformen der Telearbeit, die in der folgenden Abbildung dargestellt werden.

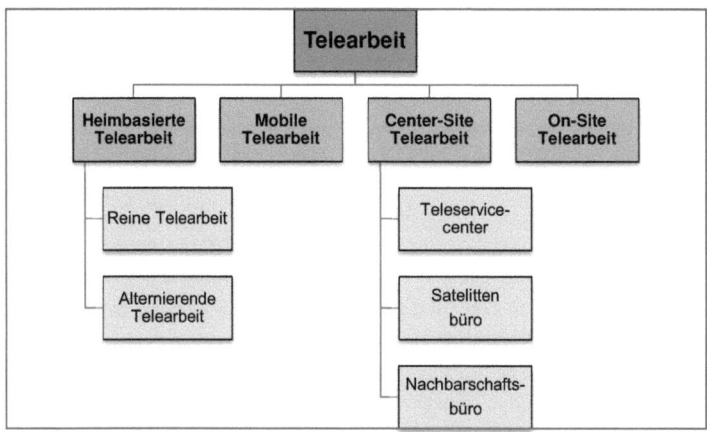

Abbildung 2: Erscheinungsformen der Telearbeit[14]

Wie in der Abbildung deutlich wird, lässt sich die Telearbeit in fünf verschiedene Kategorien aufgliedern. Zum einen die heimbasierte, die mobile, die Center-Site, die On-Site Telearbeit und zum anderen die virtuellen Unternehmen. Im Rahmen der Hausarbeit beschränken wir uns auf die Arbeitsformen reine heimbasierte Telearbeit, die in Kapitel 3.5 kritisch betrachtet wird.

3.2.1 Heimbasierte Telearbeit

Unter der heimbasierten Telearbeit versteht man, dass der Mitarbeiter seine Arbeitsaufgaben am häuslichen Arbeitsplatz auch Home-Office genannt verrichtet. Dieses kann permanent zu Hause oder alternierend erfolgen.[15] Bei der permanenten der sogenannten reinen Heimarbeit arbeitet der Mitarbeiter ausschließlich von zu Hause aus und hat keinen Arbeitsplatz im Unternehmen des Arbeitgebers.[16]

Im Gegensatz zu der reinen Heimarbeit verrichtet der Telearbeiter bei der alternierenden Telearbeit seine Arbeitsaufgaben zeitweise aus dem heimischen Arbeitsplatz und zeitweise im Unternehmen des Arbeitgebers. Somit lässt sich die soziale Bindung zum Unternehmen und die persönliche Kommunikation zu den Arbeitskollegen auf-

---

[14] Eigene Darstellung i.A.a. Bundesministerium für Arbeit und Sozialordnung et al. (1998), S. 10
[15] vgl. Holtbrügge, D. (2004), S. 174
[16] vgl. Matthies, P. (1997), S. 20

recht halten.[17] Für diese Erscheinungsform steht für die Telearbeiter ein Arbeitsplatz im Unternehmen zur Verfügung und wird von mehreren Telearbeitern geteilt.[18]

3.3 Rahmenbedingungen für Telearbeit

Wie bei jeder Einführung einer neuen Arbeitsform sind auch bei der Telearbeit einige Rahmenbedingungen zu berücksichtigen. Diese umfassen Anforderungen an Arbeitgeber und Arbeitnehmer und die Aspekte des privaten und beruflichen Umfeldes des Telearbeiters.

3.3.1 Anforderungen an Arbeitgeber und Arbeitnehmer

Die Einführung der Telearbeit stellt den Arbeitgeber und Arbeitnehmer vor gewisse Anforderungen, diese beziehen sich auf die personenbezogene Eignung des Mitarbeiters für die Telearbeit, sowie die Voraussetzungen für eine erfolgreiche Führung im Bezug auf den Umgang mit der Telearbeit selbst und den Telearbeitern.

Ein neues Arbeitsmodell bringt auch Veränderungen mit sich, deshalb muss der Arbeitgeber einige Voraussetzungen bzw. Eigenschaften im Umgang mit der Telearbeit mit sich bringen, damit diese Einführung erfolgreich realisiert werden kann.[19] Aufgrund dessen soll die folgende Abbildung zur Verdeutlichung der benötigten Eigenschaften eines Arbeitgebers als Übersicht dienen.

Abbildung 3: Anforderungskriterien an Arbeitgeber[20]

---

[17] vgl. Waldeck, K. (2003), S. 44
[18] vgl. Matthies, P. (1997), S. 20-21
[19] vgl. Bundesministerium für Arbeit und Sozialordnung et al. (1998), S. 43-48
[20] Eigene Darstellung i.A.a. Bundesministerium für Arbeit und Sozialordnung et al. (1998), S. 48

Zu Beginn sollte überprüft werden wie groß die Bereitschaft und die Flexibilität des Arbeitgebers ist, sich an die veränderte Arbeitsorganisation anzupassen. Deshalb sollte der Arbeitgeber eine aufgeschlossene Haltung einnehmen aber auch eine kritische Stellung beziehen, um mögliche Problembereiche frühzeitig aufzudecken und dadurch schnellstmöglich eine angemessene Lösung zu finden.[21] Durch die räumliche Trennung kann der Arbeitgeber keine vollständige Kontrollfunktion ausüben und muss daher das Vertrauen in die Disziplin seiner Telearbeiter legen. Hierfür sollte er mit den Telearbeitern ein Vertrauensverhältnis aufbauen, indem er konkrete ergebnisorientiere und zeitlich begrenzte Zielvorgaben mit ihnen vereinbart. Nach Einreichung der Arbeitsergebnisse sollte der Arbeitgeber diese kontrollieren, bewerten und anschließend ein Feedbackgespräch mit dem Telearbeiter führen, ob die Erwartungen erfüllt worden sind oder den vereinbarten Zielvorgaben nicht entsprechen.[22]

Deshalb ist hier die Fähigkeit einer ziel- und ergebnisorientierten Führung im Umgang mit Telearbeitern notwendig. Sollte es in Bezug auf die Führung noch Schwierigkeiten geben, kann der Arbeitgeber an speziellen Schulungen teilenehmen.[23]

Eine weitere wichtige Eigenschaft ist die Kommunikationsfähigkeit des Arbeitgebers. Der Arbeitgeber muss in der Lage sein eine effektive und effiziente Kommunikation mit den Telearbeitern zu führen und die Kommunikation zwischen Telearbeitern und den Mitarbeitern im Büro zu fördern. Zudem sollte der Arbeitgeber auch die Fähigkeit besitzen seine Telearbeiter zum selbständigen Arbeiten zu motivieren. Als letzte Eigenschaft sollte der Arbeitgeber eine Berufserfahrung im Umgang mit Telearbeit und den Telearbeitern mitbringen. Die Erfahrung bezieht sich darauf, dass der Arbeitgeber sich mit der Arbeitsorganisation, sowie der Führung der Telearbeiter auskennt, konkrete Ziele definieren und als Ansprechpartner für offene Fragen zur Seite stehen kann.[24]

Da nicht jeder Arbeitnehmer eine personenbezogene Eignung für die Telearbeit aufweist, ist es an dieser Stelle wichtig, die benötigten Eigenschaften aufzuführen. Wie auch bei den Anforderungen an den Arbeitgeber soll hier eine Abbildung zur besseren Übersicht über die Eigenschaften eines Telearbeiters beitragen.

---

[21] vgl. Hofmann, J./ Klein, B. (2000), S. 6
[22] vgl. Kompetenzstelle Telearbeit (2013), S. 6
[23] vgl. Gotzmann, H. (2008), S. 3
[24] vgl. Schierbaum, B. (2003), S. 60

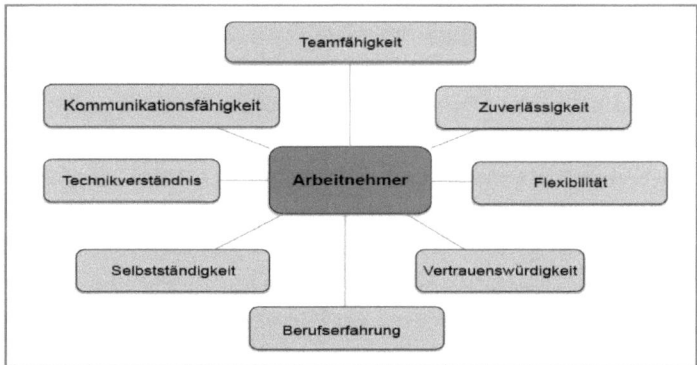

Abbildung 4: Anforderungskriterien an Arbeitnehmer[25]

Eine grundlegende Voraussetzung für die Einführung von Telearbeit ist, dass der Arbeitnehmer sich freiwillig zu der Telearbeit entschließt. Durch die Bereitschaft zur Telearbeit muss jedoch immer die Möglichkeit bestehen, dass der Telearbeiter in das Unternehmen zurückkehren kann.[26]

Darüberhinaus muss ein Telearbeiter in der Lage sein, selbstständig und zuverlässig ohne jeglichen Gruppendruck und Vorgesetzten zu arbeiten. Das erfordert eine sehr hohe Selbstdisziplin und Eigenmotivation, da man am heimischen Arbeitsplatz oft abgelenkt wird, wie z.B. durch Hausarbeit, Fernseher, Kinder etc. Deshalb sollte man vor Beginn der Telearbeit sich selbst organisieren, sprich eine Struktur in die Organisation zur Telearbeit schaffen z.B. Festlegung von festen Arbeitszeiten, Vereinbarungen mit der Familie treffen, strikte Trennung von Familie, Hausarbeit und Beruf.[27] Zudem sollte man verantwortungsbewusst mit der Erfüllung seiner Aufgaben sowohl in qualitativer, als auch in quantitativer Hinsicht umgehen. Da der Arbeitgeber und die Kollegen im Unternehmen sich darauf verlassen, dass die Arbeitsergebnisse zum vereinbarten Termin vorliegen. Aufgrund dessen sollte man gemeinsam mit dem Arbeitgeber Ziele definieren, um diese als Orientierungshilfe nutzen zu können.

Neben der Selbstständigkeit und Zuverlässigkeit spielt auch die Verschwiegenheit und Vertrauenswürdigkeit eine wichtige Rolle. Der Arbeitgeber muss sich darauf verlassen können, dass der Telearbeiter seinen größeren Freiraum nicht missbraucht, sei es der Umgang mit vertraulichen Daten oder das Treffen richtiger Entscheidungen. Weiterhin muss der Telearbeiter die Fähigkeit besitzen im Team arbeiten zu können. Trotz der

---

[25] Eigene Darstellung i.A. Schierbaum, B. (2003), S. 52; vgl. Bundesministerium für Familie, Senioren, Frauen und Jugend (2014), S.8
[26] vgl. Bayrisches Landesamt für Gesundheit und Lebensmittelsicherheit (2013)
[27] vgl. Rensmann, J. H./ Gröpler, K. (1998), S. 133

räumlichen Trennung sollte der Telearbeiter eine positive Einstellung zum Team haben und die Teamarbeit durch Informations- und Kommunikationstechnologien fördern.[28]

Ebenfalls sollte der Telearbeiter auch über ein gewisses Technikverständnis und die Fähigkeit zur aktiven Kommunikation verfügen. Der Telearbeiter muss im Stande sein mit Kommunikationsmitteln angemessen umgehen zu können wie z.B. die Nutzung von Internet. Falls es zu einigen Schwierigkeiten bezüglich des Technikverständnisses kommen sollte, sollte der Telearbeiter bereit sein sich persönlich und fachlich weiterzubilden. Zum Technikverständnis gehört auch eine effiziente Kommunikationsfähigkeit. Der Telearbeiter muss die Voraussetzung mitbringen mit dem Arbeitgeber und Kollegen durch die Nutzung von Informations- und Kommunikationstechnologien kommunizieren und somit Sachinhalte anschaulich und verständlich für Dritte beschreiben können.[29] Genauso wie der Arbeitgeber sollte auch der Telearbeiter über eine Berufserfahrung verfügen.

Dies erleichtert dem Arbeitnehmer den Umgang mit der Telearbeit, da dieser über die erforderlichen fachlichen Kompetenzen verfügt und die Unternehmenskultur akzeptiert.[30]

Infolgedessen sollte bei der Auswahl eines geeigneten Telearbeiters diese Anforderungskriterien berücksichtig werden, um mögliche negativen Konsequenzen zu vermeiden.[31]

3.3.2 Aspekte des Umfeldes

Bei der Einführung der Telearbeit spielt ebenfalls das häusliche und das berufliche Umfeld des Telearbeiters eine wichtige Rolle.

Um ein geeignetes häusliches Umfeld zu schaffen, sind zwei Dinge zu beachten zum einen die familiären Umstände und zum anderen die räumlichen Verhältnisse.

Der Telearbeiter sollte im Vorfeld die Familienmitgliedern und ggf. Freunde, Bekannte für die Telearbeit sensibilisieren, um jegliche Vorurteile aus dem Weg zu räumen. Zudem sollte man der Familie erklären, dass man trotz Anwesenheit im häuslichen Umfeld nicht jederzeit zur Verfügung steht. So sollen mögliche Störungen und Ablenkungen so gut es geht minimiert werden.[32] Aufgrund dessen sollte der Telearbeiter unbedingt Regeln und einen Plan mit der Familie aufstellen, die z.B. Angaben zu den Ar-

[28] vgl. Gotzmann, H. (2008), S. 4
[29] vgl. Rensmann, J. H./ Gröpler, K. (1998), S. 133
[30] vgl. Schierbaum, B. (2003), S. 56
[31] vgl. Hofmann, J./ Klein, B. (2000), S. 6
[32] vgl. Schierbaum, B. (2003), S. 53

beitszeiten und Pausen etc. beinhalten könnten. Dadurch kann eine bessere Balance und Vereinbarkeit zwischen Familie und Beruf geschaffen werden.[33]

Neben den familiären Umständen sollten auch die räumlichen Voraussetzungen für die Telearbeit geeignet sein. Dafür sollte sich der Arbeitsbereich des Telearbeiters in einem abschließbaren Arbeitszimmer befinden, indem der Telearbeiter ungestört arbeiten kann und der nicht für jeden zugänglich ist.[34] Außerdem sollte das Arbeitszimmer über eine angemessen Größe besitzen, damit Büromöbel, Informations- und Kommunikationsmittel, sowie weitere erforderte Arbeitsmittel und -material Platz finden.

Im Wesentlichen muss der Telearbeitsplatz denselben Anforderungen wie einer betrieblichen Arbeitsstätte entsprechen.

Hier sollte insbesondere auf die Bildschirmverordnung, die arbeitsmedizinischen, ergonomischen und sicherheitstechnischen Bestimmungen geachtet werden, wie z.B. ergonomische Möbel, die keine Langzeitschäden anrichten. Bei Unsicherheiten kann der Telearbeiter eine ergonomische Endabnahme des häuslichen Arbeitsplatzes auf Kosten des Arbeitgebers beantragen. Zudem ist der Arbeitgeber verpflichtet zu überprüfen, ob alle Anforderungen eingehalten wurden, die mit einer Endabnahme des häuslichen Arbeitsplatzes vorgenommen werden. Diese Besichtigung des Telearbeitsplatzes kann nur mit einer Einverständniserklärung des Telearbeiters durchgeführt werden.[35]

3.4   Nutzen und Problematik

Im Folgenden sollen der Nutzen und die Problematiken der Einführung von Telearbeit für den Arbeitgeber und den Arbeitnehmer gegenüber gestellt werden.

Durch die Telearbeit wird besonders den werdenden Müttern und Vätern nach der Geburt des Kindes ermöglicht, ihre Tätigkeit nach Hause zu verlagern. Durch die Kombination von Familie und Beruf werden sowohl die finanzielle Sicherheit der Familie, als auch der Bezug zur Arbeit und der Bezug zur Arbeitskollegen erhalten. Die Telearbeiter teilen ihre Arbeitszeit flexibel ein, indem sie diese mit der Kinder- und Schulzeit abstimmen können. Diese Flexibilität und Selbstbestimmung bringt die Mitarbeiter zur Steigerung der Arbeitsproduktivität, weil die Arbeit in der für den Mitarbeiter bequemen Zeit erledigt wird. Dadurch entstehen weitere Synergieeffekte, wie die höhere Arbeitszufriedenheit und Motivationssteigerung, was auch dem Arbeitgeber zugute kommt. Betrachtet man den Nutzen der Telearbeit für den Arbeitgeber, so zählt nicht nur die Steigerung der Mitarbeitermotivation, die zur Leistungssteigerung beiträgt, sondern auch die Fehlerreduktion aufgrund der höheren Konzentration.

---

[33] vgl. Winker, G. (2001), S. 157
[34] vgl. Bundesministerium für Arbeit und Sozialordnung et al. (1998), S. 45
[35] vgl. Kamp, L. (2000) S.16-18

Außer den werdenden Eltern besteht die Möglichkeit durch die Telearbeit auch andere Personengruppen wie Menschen mit Behinderungen in die Arbeitswelt zu integrieren.

Durch die eingeschränkte Mobilität kann die Überwindung der räumlichen Distanzen für diese Menschen zu einem großen Hindernis werden. Möglicherweise könnten die notwendigen Ausstattungen am Arbeitsplatz und die Arbeitsumgebung im Unternehmen den Anforderungen der Beschäftigung von behinderten Menschen nicht gerecht werden.

Doch die Einführung der Telearbeit ermöglicht nicht nur den verschiedenen Arbeitnehmergruppen den leichteren Einstieg in das Arbeitsleben, sondern steigert das Arbeitgeberimage auf dem Arbeitsmarkt erheblich.

Allerdings umfasst die Einführung von Telearbeit nicht nur die positiven Aspekte, sondern auch einige Probleme und Bedenken. Diese sollen im Folgenden aufgezeigt werden.

Bessere Vereinbarkeit von Berufsleben und Familie sollte ein Vorteil der Telearbeit sein, jedoch besteht die Gefahr, dass die geringe räumliche Trennung von Beruf und Privatleben eine Doppelbelastung für den Mitarbeiter ist. Dieses Problem tritt besonders bei der heimbasierten Telearbeit auf, da der Haushalt nebenbei geführt wird und die Kinder betreut werden. Es ist also unmöglich zum gleichen Zeitpunkt Telearbeit zu betreiben und für Haushalt und Kinder da zu sein. Deswegen muss eine klare räumliche und zeitliche Trennung vorgenommen werden.

Weiterhin entsteht für den Arbeitnehmer durch die Einführung von Telearbeit das Problem der sozialen Isolation. Dadurch, dass der Mitarbeiter seine Tätigkeiten nicht mehr in dem Unternehmen ausführt, ist es fast unmöglich eine informelle Kommunikation zu seinen Arbeitskollegen zu erreichen.

Aufgrund dieses Problems wird auf die heimbasierte Telearbeit in den Unternehmen verzichtet und man versucht die Telearbeiter durch betriebliche Maßnahmen wie z.B. Besprechungen und Konferenzen intern einzubinden. An den übrigen Tagen erfolgt die Kommunikation über technische Mittel wie E-Mail-Programme und Telefon.

Außerdem müssen die Nachteile der Telearbeit für den Arbeitgeber besonders untersucht werden. Da schließlich die Unternehmen über die Einführung der Telearbeit bestimmen und dieses erst dann durchsetzen, wenn die Nachteile der Arbeitsform in gewissen Maßen vermieden werden können oder die Vorteile überwiegen.

Die Einführung von Telearbeit bringt zusätzliche Kosten für den Arbeitgeber, die gegenüber den Kosteneinsparungen genau abgewogen werden müssen. Zum einen sind es die Kosten für die Ausstattung des Telearbeitsplatzes mit technischen Kommunikationsmitteln z.B. Zweitcomputer oder Laptop und zum anderen die Kosten für die Tele-kommunikationsverbindung. Jedoch können die Kosten einmaliger Natur als Investition abgeschrieben werden.

Ein weiteres Problem, was sich aus der Telearbeit ergibt, ist die Überwachung und Kontrolle der Anwesenheit des Mitarbeiters. Da die Leistung und die Ergebnisse des Mitarbeiters in einer gewissen Zeit kontinuierlich mit den vereinbarten Zielen abge-stimmt werden müssen.[36]

3.5 Perspektiven der Telearbeit und der Arbeitstrend

Im Anschluss an die Hausarbeit, sollen nun die Perspektiven der Telearbeit anhand von Berichten aus den Medien und der Arbeitstrend der Zukunft aufgezeigt werden.

Wie sich unser Arbeitsalltag verändern wird und wohin der Arbeitstrend geht, sind Fra-gen, die oft bei dem Thema „Wandel der Arbeitswelt" gestellt werden.

Nicht nur die Globalisierung und der demographischer Wandel sind die Wachstumstrei-ber für die Art und Weise wie wir täglich arbeiten, sondern vor allem die digitalen Tech-nologien.

Unsere Welt wird digital sein, die Daten sind von überall aus abrufbar und wir stehen im permanenten Austausch in unserer Umgebung. Ob Rechner, Tablet oder Smartphone, alles läuft drahtlos und die großen Touchscreens ermöglichen die neunen Arbeitsweisen und dreidimensionale Präsentationen. In Zukunft werden wir uns mehr auf die wirklichen Aufgaben konzentrieren können, lästige Routinearbeit, wie suchen, archivieren und do-kumentieren fallen weg. Mit einfachem Klick kann Sprache in Text umgewandelt oder Texte in andere Sprache übersetzt werden.

Anhand eines Zeitungsberichtes und einer Fallstudie soll die reine heimbasierte Tele-arbeit kritisch analysiert werden.

Zum Thema der reinen heimbasierten Telearbeit geht es in dem Zeitungsartikel „Die Zeit" mit dem Titel "Firma Yahoo untersagt Home-Office", um die Abschaffung der Ar-beitsform der reinen heimbasierte Telearbeit.

Die Konzernchefin Marissa Mayer fordert, dass ihre Mitarbeiter aus dem heimischen Arbeitsplatz zurückgeholt werden, mit der Begründung der mangelnden Arbeitsqualität und Zusammenarbeit.

So die Konzernchefin Marissa Mayer: "Um der absolut beste Arbeitsplatz zu wer-den, sind Kommunikation und Zusammenarbeit wichtig, also müssen wir Seite an

---

[36] vgl. Bundesministerium für Arbeit und Sozialordnung et al. (1998), S. 23-30; vgl. Nerdinger, F. W. et al. (2011), S.506

Seite arbeiten. (...) Wir müssen ein Yahoo sein, und das beginnt damit, dass wir physisch zusammen sind."[37] (...) "Wem es nicht passt, der soll gehen. Mayer will nicht nur die Faulenzer im Unternehmen loswerden, sie glaubt auch, dass ihre Leute im Home-Office weniger und schlechter arbeiten."[38]

Weiterhin soll eine Studie herangezogen werden, die die reine heimbasierte Telearbeit verneint.

Die englische Studie „Clean Evidance on Peer Effects" des Journal of Labor Economics widmete sich dem Aspekt der Zusammenarbeit mit Hintergrund auf die reine heimbasierte Telearbeit. Die Ergebnisse dieser Fallstudie wurden in der Frankfurter Allgemeinen veröffentlicht.

„Die Professoren für Ökonomie Armin Falk und Andrea Ichino ließen Studenten alleine und in Teams von zwei Personen Fragebogen kuvertieren und versandfertig machen. Jeder Student arbeitete vier Stunden und erhielt eine leistungsunabhängige Bezahlung. Die "Teams" wurden zufällig zusammengestellt. Es zeigte sich, dass Studenten, die in Zweiergruppen arbeiteten, durchschnittlich mehr leisteten als Studenten, die ihre Briefe alleine kuvertierten. Die Langsamen wurden vom Arbeitstempo ihrer Teamkollegen mitgezogen. Und selbst die Schnelleren wurden durch Teamarbeit offensichtlich motiviert, noch etwas schneller zu arbeiten."[39]

Aus dem Zeitungsartikel und der Studie wird es deutlich, dass die heimbasierte Telearbeit in den Medien stark kritisiert wird. Wie bereits im Kapitel 3.2 erwähnt worden ist, werden wir im folgenden eine persönliche Stellungnahme dazu nehmen.

Allgemein vertreten wir dieselbe Meinung wie die Konzernchefin Marissa Mayer, dass die reine heimbasierte Telearbeit abgeschafft werden sollte.

Aufgrund unserer persönlichen Erfahrungen mit der Teamarbeit finden wir, dass die Teamarbeit die Arbeitsqualität fördert, es zu schnelleren Entscheidungen führt und die Arbeit ganz einfach auf die Teammitglieder aufgeteilt werden kann, was bei der reinen heimbasierten Telearbeit nicht gegeben ist

Nicht zu vergessen wären die zwischenmenschlichen Beziehungen in einem Team und das dadurch erhöhte Selbstwertgefühl.

Besonders für Unternehmen wie Yahoo, die schon elektronisch basiert handeln, ist es von großer Bedeutung, dass die Mitarbeiter nicht nur aus dezentralen Arbeitsplätzen arbeiten, sondern auch im Unternehmen agieren.

---

[37] vgl. Kaufmann, M., (2013)
[38] vgl. Bund, K., (2013)
[39] vgl. Falk, A., Ichino, A., (2006)

Betrachtet wir die Vorgehensweise von Konzernchefin Marissa Mayer wie die Abschaffung der reinen heimbasierten Telearbeit erfolgt ist, so kann diese unserer Meinung nach nicht umgesetzt werden. Unser Grund dafür ist, dass die Telearbeiter sich nicht von heute auf morgen auf die neuen Arbeitsumstände umstellen können, wie z.B. eine alleinerziehende Mutter mit drei Kindern, die erst eine geeignet Kinderbetreuung beschaffen und sich ihren neuem Alltag stellen muss.

Um so eine abrupte Abschaffung zu vermeiden, sollte eine Arbeitsorganisationsumstellung im Vorfeld kommuniziert werden. Außerdem sollte die Kommunikation nicht wie in dem Yahoo Unternehmen sehr persönlich und angreifend wirken sondern auf einer sachlichen Ebene erfolgen.

Eine Frist sollte gesetzt werden, indem die Telearbeiter Zeit haben ihre privaten Verhältnisse zu ordnen, um sich an die neuen Gegebenheiten anpassen zu können.

Abschließend können wir sagen, dass wir die reine heimbasierte Telearbeit nicht als Arbeitsform der Zukunft sehen, sondern eine Kombination aus den verschiedenen Erscheinungsformen der Telearbeit den Unternehmen empfehlen würden. Bei dieser Kombination sollte der Mitarbeiter die Möglichkeiten haben seine Tätigkeit teilweise im heimischen Arbeitsplatz und teilweise in der betrieblichen Arbeitsstätte verrichten zu können. Um so eine ausgewogene Balance zwischen Beruf und Familie zu schaffen.

Letztendlich kann eine für alle Unternehmen geeignet Arbeitsform nicht konkret gebildet werden, aufgrund der individuellen Interessen der Arbeitnehmer und den verschiedenen Zielsetzungen der Arbeitgeber.

4 Telearbeit – Arbeitsform der Zukunft?

4.1 Zusammenfassung

In der vorliegenden Hausarbeit haben wir uns mit dem Arbeitswandel befasst, der die Hintergründe und die Entwicklung der Telearbeit aufzeigt. Zudem wurden die reine heimbasierte Telearbeit, die Rahmenbedingungen zur Einführung und die Perspektiven der Telearbeit beleuchtet. Die technischen Möglichkeiten von heute bieten einen unbegrenzten Informations- und Kommunikationsaustausch in der Arbeitswelt, sodass die räumlichen und zeitlichen Distanzen überwunden werden können. All dieses eröffnet uns neue Perspektiven, sowohl auf der beruflichen Ebene, als auch im Privatleben.

Offensichtlich eröffnet die Einführung der Telearbeit in den Unternehmen nicht nur erhebliche Chancen, sondern auch zahlreiche Probleme in Hinsicht auf die sozialen, organisatorischen und betriebswirtschaftlichen Aspekte. Basierend auf umfangreichen Medienrecherchen wird die Telearbeit stark kritisiert und als die zukünftige Arbeitsform in Frage gestellt.

Heute steht lediglich fest, dass die Telearbeit ihr enormes Potential bei weitem nicht ausgeschöpft hat und es darauf ankommt für welche Erscheinungsform der Telearbeit der Arbeitgeber sich entscheidet.

4.2 Fazit und Ausblick

Der Wandel der Arbeitswelt hat dazu beigetragen, dass die neue Arbeitsform mehr Flexibilität und Unabhängigkeit von Raum und Zeit bietet. Insbesondere für die Arbeitnehmergruppen wie Frauen und Menschen mit Behinderung, die aus familiären Gründen oder körperlichen bzw. geistigen Einschränkungen ihre Berufstätigkeit aufgeben müssen.

Zusammengefasst lässt sich sagen, dass die Zukunftsaussichten der Telearbeit in den Unternehmen nicht eindeutig prognostiziert werden können. Da die Entwicklung der Informations- und Kommunikationstechnologien sich fortlaufend verändern und somit die Erscheinungsformen der Telearbeit prägen.

Wir sind der Meinung, dass die Telearbeit die Zukunft ist, jedoch die Verbreitung der verschiedenen Erscheinungsformen der Telearbeit sowohl von den Unternehmenszielen und der Unternehmenskultur, als auch von der Bereitschaft der Erwerbstätigen zur Telearbeit abhängig ist.

Betrachtet man die Telearbeit aus der Sicht des Arbeitgebers, so sehen wir, dass mit dem ständigen Wettbewerbsdruck auf den Absatz- und Beschaffungsmärkten die Arbeitgeber nicht nur ihre Produkte, sondern auch ihre Unternehmensorganisation anpassen müssen. Der damit zusammenhängende Wandel vom Verkäufer- zum Käufermarkt hat dazu beigetragen, dass die Verbraucher einen immer höheren Stellenwert im Unternehmen gewinnen und ihre Wünsche individueller werden. Demzufolge versuchen die Unternehmen alles in die Wege zu leiten, um diese Kundenwünsche zu realisieren und die Kunden möglichst langfristig an das Unternehmen bzw. an das Produkt zu binden. Diese Unternehmensziele können aber nur dann am besten erreicht werden, wenn auch die Arbeitsformen der Mitarbeiter den veränderten Bedingungen angepasst werden. Gerade für die neue Arbeitsform wie die Telearbeit wird der Mensch zum Arbeitsfaktor und dieses führt zu einem effektiveren Einsatz des Humankapitals. Allerdings muss beachtet werden, dass die Telearbeit nur bedingt einsetzbar und nicht in jedem Arbeitsbereich optimal ist.

So kann z.B. ein Bäckereifachverkäufer seine Tätigkeit nicht als Telearbeit ausführen. In den Berufen, in den die Telearbeit möglich ist, kann sie gut eingesetzt werden und oft dazu beitragen, dass die Elemente Familie und Beruf kombiniert werden können. Denn das ist unserer Meinung nach ein wichtiger Aspekt, der viele Arbeitnehmer beschäftigt.

Betrachten wir jetzt die Telearbeit aus der Sicht des Arbeitnehmers, so finden wir, dass es eine gute und sehr wohl geeignete Arbeitsform für viele Arbeitnehmergruppen in der Zukunft ist. Nicht nur die werdenden Eltern profitieren von der Telearbeit, sondern auch die Menschen mit Behinderung oder ältere Beschäftigte. Unsere Gesellschaft wird weiterhin auch in der Zukunft den demographischen Wandel nicht umgehen können, dementsprechend werden die Mitarbeiter in den Unternehmen immer älter und die Geburtenrate geht immer weiter zurück. Unter diesen Aspekten kann die Telearbeit die Gründung der Familie fördern und den älteren Menschen den Einstieg in das Rentenalter.

Allerdings sind wir fest davon überzeugt, dass es keine eindeutige Lösung der Einführung von Arbeitsformen in den Unternehmen gibt. Um eine geeignete Arbeitsform im Unternehmen zu finden und umzusetzen, müssen viele Faktoren berücksichtigt werden. Es hängt z.B. von der Unternehmensgröße, Anzahl der Beschäftigten, Unternehmensphilosophie, technischen Gegebenheiten im Unternehmen oder einfach der Bereitschaft zur Veränderung ab. Jedoch können wir sagen, dass viele Arbeitgeber bereit sind neue Strukturen im Unternehmen zu schaffen und dabei Kombinationen aus verschiedenen Arbeitsformen zu nutzen. Was sich noch zum Arbeitstrend sagen lässt, ist dass die Telearbeitsform, Heimarbeit ein eher veraltetes Modell ist und langsam durch die mobile Arbeit abgelöst wird. Da in der mobilen Arbeit die erforderliche Flexibilität des Mitarbeiters wiedergegeben wird.

Abschließend möchten wir jedoch festhalten, dass die Zukunft der Telearbeit anders sein wird, ob dieses besser oder schlechter ist, entscheidet jeder für sich selbst.

Literaturverzeichnis

Ballerstedt, Eike (1982). Studie über Auswahl, Eignung und Auswirkungen von informationstechnisch ausgestalteten Heimarbeitsplätzen – Bundesministerium für Forschung und Technologie Forschungsbericht DV 82-002, München.

Bayrisches Landesamt für Gesundheit und Lebensmittelsicherheit (2013). Telearbeit - eine zukunftsorientierte Herausforderung:
http://www.lgl.bayern.de/arbeitsschutz/arbeitsmedizin/ergonomie/telearbeitsplaetze.htm #formen, Zugriff am 04.12.2014.

Bergmann, Bärbel (2006). Arbeit als Lebensinhalt? – Kompetent für die Wissensgesellschaft, Berlin.

Bund, Kerstin (20013). Marissa Mayer Schritt zurück – Ende der Heimarbeit bei Yahoo? Ein Relikt aus alter Zeit in Zeit Online: http://www.zeit.de/2013/25/yahoo-home-office, Zugriff am 07.07.2014.

Bundesministerium für Arbeit und Sozialordnung, Bundesministerium für Wirtschaft, Bundesministerium für Bildung, Wissenschaft, Forschung und Technologie (1998). Telearbeit - Ein Leitfaden für die Praxis, Bonn.

Bundesministerium für Familie, Senioren, Frauen und Jugend (2014). Mit Home-Office-Modellen Familie und beruf gut vereinbaren - Fakten, Vorteile, Herausforderungen, Tipps, Berlin.

Crijns, Rorogier (2009). Interne Kommunikation von Unternehmen, psychologische, kommunikationswissenschaftliche und kulturvergleichende Studien, 2.Auflage, Wiesbaden.

de Gruyter, Walter (1993). Automatisierung und Wandel der betrieblichen Arbeitswelt, Berlin.

Falk, Andrea, Ichino (2006). Journal of Labor Economics, Clean Evidence on Peer Effects, vol. 24 in Frankfurter Allgemeine (2009). Der Unsinn des Home Office http://www.faz.net/aktuell/wirtschaft/wirtschaftswissen/arbeiten-der-unsinn-des-home-office-1857385.html, Zugriff am 07.2014.

Godehardt, Birgit (1994). Telearbeit - Rahmenbedingungen und Potentiale, Opladen.

Gotzmann, Helga (2008). Alternierende Telearbeit an der Leibniz Universität Hannover - Ein Gleichstellungsprojekt 2008-2011 - Projektinformationen für Beschäftigte: http://www.service-fuer-familien.uni-hannover.de/fileadmin/institut/pdf/LUH-Telearbeitskonzept080822.pdf, Zugriff am 04.07.2014.

Hofmann, Josephine, Klein, Bernd (2000). Arbeitswissenschaftliche Erkenntnisse - Forschungsberichte für die Praxis - Sicherheits- und gesundheitsgerechte Gestaltung von Telearbeit, Bremerhaven.

Holtbrügge, Dirk (2004). Personalmanagement, 5. Auflage, Berlin.

Kamp, Lothar (2000). Betriebs- und Dienstvereinbarungen - Telearbeit - Analyse und Handlungsempfehlung, Düsseldorf.

Kaufmann, Matthias (2013). Rückrufaktion für lockere Mitarbeiter in Karriere Spiegel: http://www.spiegel.de/karriere/berufsleben/yahoo-ohne-home-office-reaktionen-auf-marissa-mayers-ansage-a-885970.html, Zugriff am 07.07.2014.

Kompetenzstelle Telearbeit (2013). Handbuch Telearbeit - Vorteile, Voraussetzungen und technische Umsetzung: http://www.telearbeit-in-mv.de/index.php/downloads/category/5-handbuch-telearbeit?download=13:handbuch-telearbeit, Zugriff am 04.12.2014.

Lufthansa Technik. Standorte: Lufthansa Technik in Hamburg: http://www.lufthansa-technik.com/de/hamburg, Zugriff am 04.12.2014.

Matthies, Peter (1997). Telearbeit - Das Unternehmen der Zukunft - Umwälzung der Arbeitswelt, München.

Mester, Volker (2013). Sie sind die Überflieger der Finkenwerder —Airbus – Hamburgs größter privater Arbeitgeber. Mehr als 25.000 Menschen gehen hier beruflich ein und aus. Ein Blick hinter die Kulissen in Hamburger Abendblatt: http://www.abendblatt.de/hamburg/article112766034/Sie-sind-die-Ueberflieger-von-Finkenwerder.html, Zugriff 04.04.2014.

Nerdinger, Friedmann W., Blickle, Gerhard, Schaper, Niclas (2011). Arbeits- und Organisationspsychologie, 2. Auflage, Berlin.

Nilles, Jack M., Carison, F. Roy, Gray, Jr. Paul, Hanneman, Gerhard J. (1976). The Telecommunications-Transportation Tradeoff, Options for Tomorrow, New York.

Rensmann, Jörg H., Gröpler, Klaus (1998). Telearbeit - Ein praktischer Wegweiser, Berlin.

Sauer, Dieter (2013). Die organisatorische Revolution - Umbrüche in der Arbeitswelt - Ursachen, Auswirkungen und arbeitspolitische Antworten, Hamburg

Schierbaum, Bruno (2003). Job aktuell - Telearbeit, Frankfurt am Main.

Troltenier, Imke (0000): Telearbeit in der Familienphase - Berichte aus der Praxis, Marburg

Waldeck, Katja (2003). Telearbeit in der beruflich-sozialen Rehabilitation von Menschen mit Behinderungen - Pädagogische Beiträge zur sozialen und kulturellen Entwicklung, Münster.

Winker Gabriele (2001). Telearbeit und Lebensqualität - Zur Vereinbarkeit von Beruf und Familie, Frankfurt am Main.